Despoetizándote

Rubén Quintero Herves

Aliarediciones

Corrección: Eladia Guerrero
Diseño de cubierta: Jaime Galisteo
Ilustraciones: Rubén Quintero Herves
Maquetación: Aliar Ediciones

Depósito Legal: GR 1640-2024
ISBN: 979-13-87590-02-4

Impreso en España

Edita
ALIAR Ediciones
www.aliarediciones.es
info@aliarediciones.es

Despoetizándote

Rubén Quintero Herves

Gracias a todas las personas que confiáis en mí.
Gracias también a las que no lo hicisteis, me volví más fuerte.
Gracias a mi corazón por darme la idea de escribir.
Gracias a mis manos por permitirme hacerlo.
Gracias a ti, por tener este libro entre tus manos.

LUNARES DE TU CUELLO

Tus lunares son los astros de mi firmamento,
el tres en raya de un croquis que resume
la estructura hipotética de mi corazón,
los puntos que dibujan las mariposas de mi estómago,
los domingos de mordidas de cuello y sexo bajo el colchón,
el museo de braille donde me colaría sin permiso y sin ser visto,
la estrofa y el estribillo de mi canción.

Y te sienta tan bien el pelo suelto,
que quiero que te sueltes siempre,

conmigo.

SANGRE AGUADA

Llueve hoy en la calle,
gotas de presión arterial,
que aterrizan en mi pecho desnudo.

Me mojo y me celo,
corriendo por las calles donde nos besábamos,
sin quitamiedos.

Pero hoy no,
hoy es lunes,
y traigo el chaleco salvatus y el paraguas de metacrilato.

INCOMPRENDIDO

Me siento un incomprendido,
no sé si es por la edad,
por nuestra época,
o por nuestros tiempos.

Tal vez soy yo,
con esa manía de tener 22 años
y pensar como un adulto de 46.

Tal vez es la gente,
que se limita a ver lo que escucha y escuchar lo que ve,
pero no a conocer.

Tal vez es por la clarísima diferencia entre tonos de azul,
que solo entiendo yo.

Pero nadie me entiende,
nadie,
que no seas tú.

SENTIDO

No hay peor ciego
que el que no ve con el corazón,
pero mira con los ojos.

El sordo que, a pesar de oír tus gemidos,
no atiende cuando hablas.

El mudo que, a pesar de no decir ni pío,
ignora todas tus palabras.

Porque no es confesor el que es confidente,
ni sincero el que dice que no miente.

DESCONOCIDOS 1

Eran las 3:12 de la mañana en una noche cualquiera,
contigo en el coche,
bajaste la ventanilla después del polvo de aquella hora tardía.

Después de dos horas y quince minutos follando,
me atreví a preguntar por tu nombre,
ya que solo conocía tu cuerpo desnudo.

«María», me respondiste.

Yo, todo necio y sin preocupación, sabía que de virgen tenías
menos que el aceite de oliva,
y eso que aquella noche de aquel día te conocí algo tímida.

Me fui a casa andando mientras seguías allí, pensando que conocía
tan solo tu nombre, pero que desconocida más particularmente
conocida eras,
claro, siendo la ex de mi ex, qué voy a decir que no supieras.

CÁETE CONMIGO

Si ves que tropiezo, caigo al suelo y no me levanto, tranquilo,
es porque el suelo y yo ya nos conocemos bien,
así que siéntate,
túmbate,
miremos las estrellas al ras del resto,
como si no fuera ni la primera,
ni la última,
de las veces
que bajamos a mirar

(nos).

ASCENSOR

Me sitúo delante del ascensor,
pulso el botón,
baja,
me subo,
5 planta,
en la 2 se atasca.

Me pasó exactamente lo mismo contigo.

Me puse delante tuya,
te hablé,
me respondiste,
quedamos,
nos besamos…

Las chispas del rail del ascensor no saltaron.

CIUDADES

Andabas por una ciudad,
con farolillos,
apagados,
grises,
oscuros.

Ciudad dormida,
callada,
calmada,
fría.

Ciudad vacía,
sin gente,
sin nada.

Pero llegaste tú,
para sonreír,
y encender los farolillos que estaban sin corriente,
reactivar la vida que se había desvanecido,
poner todo en marcha echándole aceite para motores.

Desde entonces, mi corazón late otra vez.

RÁPIDO

Te fuiste tan rápido como el primer suspiro de la mañana
y el último bostezo de la noche,
como la brisa en invierno o el amanecer del verano,
como la azul gota pálida que cae del cielo en el océano.

ARTISTEO HOY EN DÍA

Si te tuviera que querer, mi corazón estaría hecho de marfil,
mi cuerpo sería un cincel,
y tú serías mi musa, mi actriz.

Por ello, hoy, aquí,
aun sabiendo que no soy un artista
como Van Gogh, Miguel Ángel o Dalí,
una escultura de ti esculpí.

Si hago lo que quiero, es porque puedo,
si te hago un retrato, una escultura o una poesía,
siéntete parte mía,
porque en mi alma de artista te llevo.

Y hoy día, no corren tiempos de arte,
corren tiempos de redes sociales,
tiempos de mensajes por WhatsApp
e historias de Instagram.
Una foto del culo,
o un chat sin más.

Por ello, si te sigo escribiendo, dibujando, pintando, esculpiendo,
es porque no paro de pensar en ti,
e intento sacarte en cuerpo de mis recuerdos.

ESENCIA DE VAINILLA

Te recordé en aquel parque, el día que nos conocimos,
pensé que deberías tener un sabor particular,
por el olor tan afrodisíaco que desprendía cada poro de tu cuerpo.

¿Chocolate? ¿Fresa? ¿Coco? ¿Piña?
Jamás supe a qué sabrías.

Probé tus labios,
probé tu cuello,
probé tu cuerpo desnudo,
y, aun así, no sabías a nada.

Claro, no debí probarte con la lengua,
sino con el corazón,
porque supiste a esencia de vainilla,
olor atrayente,
asqueroso sabor.

VA
IN
IL
LA
SACAR
AZUCAR

A OSCURAS

No se diferenciaba nada entre tanta oscuridad,
no podía apreciar con claridad tu cuerpo desnudo,
ni tu mirada penetrante, pero en cambio
te penetraba hasta que las miradas matasen.

No se diferenciaba nada entre tantas sombras,
sombras que podrían ser perfectamente el reflejo de nuestras almas,
exigiendo a gritos que cambiásemos de postura.

No se diferenciaba nada entre tanta confusión,
no sé si por aquel chupito de tequila,
o tal vez la copa tenía algo extraño,
pero sé que nuestros cuerpos estaban tan unidos
que daba la sensación de que no era la primera vez que lo hacíamos.

CUATRO PARTES DE TI

A

Tus ojos son dos tormentas,
los míos dos tempestades,
que cuando se juntan
no dejan de diluviar.

B

Tus labios son los terremotos
que agitan con besos
mi corazón inmóvil.

C

Tus piernas son dos tsunamis
que arrollan
las mentiras que encierras.

D

Tus sueños son oasis
que producen la cura
a mis pesadillas
de perderte.

EL HUEVO DE LA CABRA NEGRA

Negra,
como el carbón,
olor a diferencia y turbulencias de indiferencia.

Una entre un millón,
entre un trillón,
en la policromática multitud
de personas blancas.

Y tú,
oscura y sombría,
valiente y temeraria,
la única capaz de sentir amor.

Dolor,
mucho dolor que sientes en lo cristalino de tu retina,
de tanto peso que inunda las mil lágrimas desgastadas,
porque jamás una cabra negra había sido tan bonita.

MIENTRAS BAILAMOS

Nuestros cuerpos bailan al son del silencio,
sencillo, frágil, lento.

Juntos, mientras el viento nos mece,
al ritmo de tu inercia.

Tú, con tu semblante dulce, bello, temeroso;
yo, admirando tu figura, tu sombra desnuda.

Y nos desordenamos mutuamente.

NO ES COMO NOS LO PINTAN

El amor no es como nos lo pintan,
no es ese óleo sobre lienzo dirigido por la batuta de Bach.

A veces, no sabemos el porqué, pero solo nos hace falta una mirada,
y puede sonar muy «típico»,
pero qué mirada…

Esos ojos color pantera,
esa sombra de ojos negra a juego con mi alma,
que se clava en mi pecho desnudo, antibalas, e inmortaliza tu exotismo.

Esa boca,
esos labios,
esa sonrisa,
vaya sonrisa…
Eres la lluvia después de la sequía,
el ahora después del ayer,
el arcoíris después de la tormenta,
el plano perfecto para montar aquel mueble de Ikea
que queremos para nuestro hogar.

Y después de esta confesión un tanto temerosa y caótica…
¿sigues pensando que sigues siendo un típico amor?

DESCONOCIDOS 2

Cogí el teléfono para ver si te encontraba de alguna forma
en alguna red social, como Instagram o algo parecido,
porque esa noche me dejaste con algunas dudas
encerradas en mi cabeza,
y unas ganas que le corresponden a otra parte.

¿María?

Tonto de mí, sabía tu nombre, pero cómo encontrarte
entre tanta gente…

Dos días y tres noches tardé en, de forma inquieta y nerviosa,
averiguar una de tus redes, pero ahora viene la parte más difícil.
¿Qué le digo? ¿Hola? ¿Qué tal?...

Ojalá fueras tan fácil de borrar y olvidar como lo fue tu ex…

FOLLAR Y HACER EL AMOR

¿Sabes qué diferencia existe entre follar y hacer el amor?

Follar es simplemente juntar dos cuerpos desnudos intensamente y hacerlo hasta terminar, como si fuera un juego efímero.

Follar se folla con cualquiera,
en una fiesta,
en un local,
en un hotel,
en una cama,
en un garaje,
en un parque de atracciones.

¿Hacer el amor?

Hacer el amor es cuando dos almas se juntan, se mezclan, se unen, en una composición hermosa y sinfónica de manera sempiterna. Hacer el amor no se hace con cualquiera, ni en cualquier momento o lugar.

¿Y tú qué haces, ir a la guerra sin chaleco antibalas o forjar dos almas en el hades para subirlas al Olimpo?

HASHTAGS

#TormentaVenidera
#BoteDeFibraDeVidrio
#SoldadoCaído
#DolorDeExtrarradio
#NegaciónProfunda
#AnálisisMorfológicoDelCorazón
#PazIntrínseca
#EpicentroDelProblema
#HuracánDeEmociones
#Volverme
#MilCapasCebolla
#RoturaDePensamientos
#FamiliaUnida
#AMORPROPIO

Porque los hashtags también expresan emociones y el amor propio está pasado de moda.

¿SER O ESTAR?... ¿O PARECER?

¿Sabes qué es peor que estar solo?
Sentirse solo.

Ser y estar son dos verbos muy distintos que puedes diferenciarlos
conjugándolos en el modo indicativo,
aunque nosotros tampoco estamos conjugados en pretérito perfecto.

Estoy feliz, soy feliz,
estoy triste, soy triste;
incongruencias en un verbo, pero no en otro,
porque pueden ser dos polos opuestos o la misma cara
de monedas diferentes.

A veces conjugan bien, pero otras no tienen nada que ver,
como tus labios cuando se unen con los míos.

Y si ya hablamos de parecer…
parece ser que estamos ante algo más complejo
que los corazones enamorados.

TUS PIES DESCALZADOS

Tus pies son el fruto de una ilusión que causas en mis recuerdos
cuando andas por mi cabeza,
y vas creando un camino de sueños en mi subconsciente.

En el campo,
llano, verde,
que cultiva la cura a los miedos,
que tus besos sana.

Descalzos,
y pasos que marcas en el sendero hacia el destino,
que nos une a los dos.

MÁSCARAS

Envuelvo tus pecados en mi conciencia haciéndolos pasar por míos,
escondo la mirada fría, hostil y desgarradora que producen tus ojos
cuando me miras,
enmascaro sentimientos de dolor y pánico que mi corazón coagula
por una persona que da de sí mucho menos de lo que quita,
dejo pasar tus actitudes por mis aptitudes de no enviarte a la mierda.

Y luego me di cuenta de que yo ya no era yo,
de que lo que hacía no era lo que yo quería,
lo que sentía no era lo que me apetecía,
pero lo sé porque me di la hostia más grande de mi vida.

¿CUÁNDO TE DAS CUENTA DE QUE NO?

Te das cuenta de que no cuando los sábados por la tarde
te ahogas en tus propias lágrimas,
capaces de apagar un solsticio de verano y congelar el invierno.

Te das cuenta de que no
cuando el café
mejor amargo,
sin terrones de verdades y leche de mentiras.

Te das cuenta de que no
cuando tu color favorito es el gris del día a día,
y en su defecto,
el negro de su corazón.

Te das cuenta de que no cuando aquel fragmento de Pablo Neruda
resume perfectamente la estructura hipotética del caos emocional
que sientes por las noches.

Te das cuenta de que no
cuando da igual tarde que nunca,
o el antes y el después,
el ahora y el mañana,
lo sufrido en el ayer.

Te das cuenta de que no
cuando no hay suficientes soluciones para el mismo problema,
a pesar de no gustarte las matemáticas.

Te das cuenta de que no.

De que el límite,
la frontera,
la distancia entre el amor y el oído,
entre una risa y una lágrima,
solo mide 175 centímetros,
los suficientes para decir
que no.

DESCONOCIDOS 3

Al final, me decanté por seguirte en Instagram,
darte ese follow, a ver si recibía de respuesta lo mismo a cambio.

Dos horas y treinta y cuatro minutos después, me di cuenta de que me seguiste de vuelta, y sí, lo tenía cronometrado.

¿Lo peor a todo esto?

Sin quererlo, te respondí a una de tus historias con el cásico emoji del aplauso, y eso que en la foto ni siquiera salías tú.

¿Lo mejor a todo esto?

Que, gracias a ello, conseguí entablar la primera conversación contigo, o más bien iniciarla, aunque acabaste respondiéndome, preguntándome si era yo, si era aquel chico, aquel chico, de aquel coche, de aquella noche y de aquel polvo de aquella hora tardía…

ALMACÉN DE RECUERDOS

Hoy, limpiando mi almacén de recuerdos,
encuentro las mil vidas con la que habité,
los mil sueños que dormí,
las mil máscaras que usé.

Todos los intentos de sonrisas que se quedaron
en muecas absurdamente tristes,
los besos que se quedaron a medio camino,
las ganas que aguanté.

Felices domingos de café y cigarro,
entre semanas un poco más cuesta arriba,
veranos inolvidables.

Encontré mis ganas de vivir,
también las de morirme,
las de pensar e imaginar,
las de querer,
las de amar,
las de dejar ir,
aunque nunca pude.

Los mil recuerdos que nunca tiraré.

EN EL CLAVO

Atardeceres que lloran en ocasos monocromáticos,
puestas de sol que enturbian la soledad tranquila,
pañuelos de seda que secan la sangre de mis pies.

Andaría por mil mares de clavos,
para terminar dando en el tuyo,
que Redbull da alas,
y tú me las cortas a mordiscos.

Y, aun así,
me sigo ahogando,
en este océano de mentiras.

OS PREGUNTO

Antes de empezar os quiero preguntar:
¿Os habéis enamorado alguna vez?
¿Os habéis desenamorado?
¿Habéis sufrido por amor?
¿Os habéis sentido plenos?
¿A gusto contigo mismo, con tu familia, amigos, pareja…?

Bien, seguramente la respuesta sea
sí,
en un mínimo de dos o tres preguntas.

El amor es un concepto distorsionado hoy en día,
capaz de hacernos felices,
y quitarnos las ganas de absolutamente todo.

El amor es libertad,
es empatía,
es cariño,
es saber que nadie es perfecto,
es querer sin miedo a querer ni al miedo,
es odiar,
es sufrir,
es llorar,
es gritar,
es follar.

Son los besos,
los abrazos,
las caricias,
los días grises,
los arcoíris monocromáticos.

El amor es un concepto abstraído hoy en día,
hagamos que vuelva a ser lo que era,
lo que es,
libertad.

YA NO SALGO

Ya no salgo, no como antes.

Esas escapadas nocturnas hasta las 6 de la mañana,
cuando llevábamos más alcohol en vena que oxígeno en sangre.

Los juegos de magia que terminaban sacando al conejo de la chistera,
mientras olíamos la sal del mar.

Ahora todo esto se ha convertido en días y semanas
y meses encerrado en tan solo 4 paredes,
con sangre derramada de mis muñecas que ya no sabía a Ron Barceló.

Ya no salgo, no como antes.

Los campamentos y pícnics que hacíamos
en el césped de al lado de mi casa,
tan solo con tu sonrisa y mis ganas de besarla.

Esos solsticios de verano entre dos puertas de un coche sin frenos.

Todo es gris ahora,
lo único de color blanco es mi pálido rostro,
como si estuviera muerto en vida mientras aprecio la marca
que dejaste en mi corazón.

Ya no salgo.

POESÍA A LA FUGA

Los sueños son solo eso, sueños,
hasta que un vórtice en el epicentro de estos los hace realidad,
nos hace dejar de soñar.

Es lo agrio y lo dulce mezclados en agridulce.

Son tus carnosos labios,
pintados como las luces reflectantes de tráfico,
que dan un beso fatídico a la luz del alba,
del cambiaformas de la misericordia
y la melancolía de cualquier adiós.

De las pesadillas de perderte, amor,
y el cuarto verso de aquella canción.

DESCONOCIDOS 4

Sí, ese chico era yo,
eso fue lo que le dije, con sudor en los labios y un temblor caótico
mientras escribía en mi teléfono.

Después de 11 minutos y 34 segundos, sí, cronometrado
como el primer follow,
me respondiste diciéndome de quedar, aunque tenía el corazón
en la mano, y en la otra una daga para clavarla en el momento
que me rechazaras.

Dos noches enteras sin apenas dormir de los nervios
que profanaban los poros de mi piel por quedar contigo,
y…
¿Qué hay de nuestras conversaciones?
Nada del otro mundo, pura simpleza y poco interés
(o muchos nervios).

En cuanto menos me di cuenta
estaba allí, con mi chaqueta negra, mi blusa blanca y mi fragancia
a *One Million*,
y tú… tú…

parecías una musa salida de las aguas termales de la antigua Roma.

AUSCULTACIÓN

Cogiste el estetoscopio para escuchar los latidos de mi corazón,
como cuando estábamos juntos,
te apoyabas en mi pecho desnudo
y notabas las vibraciones del sonido cuando palpitaba
como un maremoto de emociones.

Fue entonces,
hace mucho de eso,
aún estábamos enamorados,
éramos tan niños,
y tan inocentes.

Y cuando fuiste a auscultarme
notaste un crac
como el sonido de un cristal,
y ahí fue cuando te diste cuenta
de que mi corazón pasó de ser un cubo de Rubik
ordenado por colores
a un corazón medio roto,
con trozos afilados que aún
cortan.

DESIERTO

Desierto, caluroso,
el viento mece el pequeño árbol arraigado a la arena,
vacío, solitario,
con hojas medio caídas y capullos en peligro de erupción.

No hay vida,
solo vegetación sin fauna,
grietas en piedras,
y piedras agrietadas.

Calor.

Necesidad de agua que recorra mi garganta,
y apague este desierto
que tengo como corazón.

ENFÁTICA NOCHE

Desperté, e inmediatamente fui al baño para aclarar la confusión
que mi cabeza mitigaba.

Siendo sincera, ayer estuve con mis amigas en una fiesta,
pero no recuerdo haberme ido a casa.

Dejé la copa llena, a ellas bailando, y yo estaba hablando con alguien.

Un calambre en mis neuronas hizo que, de golpe y porrazo,
recordara algunos fragmentos aislados en mi cabeza.

Me miro al espejo, mi cepillo de dientes es distinto,
mi colonia no es ni de mujer y, en sí, no estoy en mi casa.

Ya decía yo que notaba mi cuerpo magullado, tocado, dolido
y con sensaciones raras de otra persona.

POST-IT

Todo lo que siento por ti no cabe en un post-it,
podría escribir cientos de ellos y embadurnarte la casa entera,
hasta que las paredes fueran de color amarillo
y el pegamento se secara y no fuera papel adhesivo.

Todo lo que te quiero decir no cabe en un post-it,
pero podría intentar rellenar las páginas amarillas una a una hasta
dar con tu nombre en alguna parte y volverte a encontrar.

Lo siento, pero tengo que irme, mi felicidad ya marchó a otra parte
y yo estoy llegando tarde al toque de queda,
pero tranquilo,
en casa
te dejé un par de post-it.

SENSACIONES

Eres como el primer café en la mañana mientras tengo el moño
recogido con lápices y voy en ropa interior,
como un buen entrecot para almorzar en un restaurante de lujo,
como la siesta de por la tarde de 16:30 a 18:00,
como ese amor prohibido por las tabletas Milka,
como las risas con amigas en la cena mientras nos servimos
otra copa de vino blanco,
como las calorías que pierdo en el gimnasio,
como la llave maestra que abre todos los candados
de mi corazón, y de mis piernas,
como ese olor tan rico a gasolina, que parece droga,
como jugar al Tetris y que encajen tan placenteramente todas las piezas,
como el primer sorbo de agua después
de la media maratón un día soleado,
como un viaje con el teléfono en modo avión, reproduciendo música
mientras devoro un poemario distinto al día.

Eres sensaciones,
apabullantes,
estresantes,
irritantes,
placenteras,
utópicas,
e incluso
orgásmicas.

CIUDAD DE NARANJAS

¿Y si en realidad no debemos de estar juntos?

Muchas veces, aunque sin caer ni en la cuenta ni en la letra, queremos por querer y amamos por amar, sin amar y sobre todo sin querer.

Nos sentimos inválidos en un mundo de valientes,
como si todo en la vida fuera una historia romántica
como Romeo y Julieta,
aunque quitándole el final tan drástico.

La respuesta es no,
no te vas a morir de amor, por llamarlo de alguna manera,
las medias naranjas no existen,
y los naranjos están en peligro de extinción.

Así que,
cuando quieras,
cuando ames,
hazlo de verdad,
sin límites ni chalecos de fuerza que forzar.

HASTA EL FINAL

Somos dos enredaderas entrelazadas hasta el final,
hasta ese punto del horizonte donde se discierne la claridad
de tus besos y lo oscuro del mediodía,
ese lugar exacto donde los sueños y los pensamientos se hacen uno.

Y qué bonito es cogerte de la mano y mirarte por primera vez
mil veces más.

MENSAJE DE TEXTO

Me pongo tan nerviosa escribiéndote que me como las letras,
aunque en realidad prefiero comerte a ti.

Envío mensajes de texto sin sentido con tantas erratas
que marca el corrector.

Kiero cmrte
Kro comte
Qiero comete
Quiero comerte

«Borrar»

Aún sigo sin saber si la mayor errata no fue escribírtelo mal,
sino eliminar el mensaje…

POR MÍ

He llorado como un niño
observando las irregularidades de mis lunares,
las ojeras de mi corazón al no descansar,
las arrugas en mi grisáceo rostro.

Que les den,
que se vayan a la mierda,
todos esos miedos,
y toda esa gente que solo critica y hunde
sin saber qué significa la palabra
INSEGURIDAD.

SONIDO

Mientras tú estabas en mono,
yo estaba en estéreo,
por eso jamás fuimos al mismo compás,
ni al mismo ritmo.

Yo me ponía mis auriculares,
tú usabas altavoz,
yo tenía un CD (diez pistas),
tú seguías con el casete.

Yo iba directo hacia el presente,
y tú te quedaste estancada en el futuro.

DESCONOCIDOS 5

Estaba tan nervioso que se me olvidó cómo hablar, no sabía si darte dos besos, un abrazo, la mano o agarrarte con todas las ganas del mundo…

Finalmente, tan solo con un Hola de tu parte y un beso en los labios,
que me descolocó la cabeza y me hizo sacar el corazón por la boca,
… respondí de la forma que pensaba,
me congelé de manera gélida y desconcertada por las mariposas
en el estómago (aunque en realidad parecían elefantes pateándome).

Me dijiste de ir al cine para ver una película,
a lo que obviamente te dije que sí como si fuera un niño pequeño
el día de Reyes.

Perfectos desconocidos, esa fue la película en cuestión,
irónico, ¿verdad?
No me extraña, y creo que a ti, lector/a, tampoco.
En la sala, el olor a palomitas impregnaba las ganas de comer que tenía,
ese crac de todas las bolsas de chuches de tan solo 2 personas más
que había en la sala,
justo abajo del todo,
nosotros arriba,
en última fila.

¿Qué pasó?
¿En qué momento dejamos la película?

Ah, claro, creo que fue a la media hora, cuando me quitaste los pantalones, te bajaste el tanga rojo como el vino y empezamos a follar otra vez como aquella noche.

Salimos del cine con la camiseta del revés,
la falda mal puesta,
(sí, hasta ahora no sabía porqué llevabas falda),
y cada uno fue a su respectiva casa,
con un beso de despedida y un
«seguimos hablando»...

OUTFIT

Abro mi armario y
¿sabes qué veo?

Chaquetas de dudas
abrigos de decepciones
camisetas de inseguridades
pantalones de miedos
sudaderas de ansiedad
jerseys de estrés.

Cinturones con hebillas que gritan,
calcetines de pelitos que lloran,
zapatos de deporte que desconsuelan.

Mi *outfit* de todos los días.

¿Y hoy?
Por qué no te pones la camiseta de confianza,
los pantalones de seguridad,
el chaquetón que te abrigue del frío y sea de positividad,
los calcetines de paciencia,
y las botas de amor propio.

Venga, sal ahí y cómete el mundo,
¡que tú puedes!

TAROT

Ayer conocí a una bruja,
y me leyó las cartas,
del tarot.

Decía que iba a tener mucho éxito en el trabajo,
buena fama,
bienestar,
firme como un roble me mantendré,
y nada me va a faltar.

Oro,
riquezas,
mil diamantes que podrían reflejar el claro de la luna
y aturdir a las estrellas al pasar.

Hijos,
concretamente dos,
hijas,
concretamente una,
tres en total para ser exacto.

Pero amor…
Ay, amor.

El loco,
el loco era mi carta para el corazón,
y mi destino, enamorarme locamente de sus ojos,
para no enamorarme más con esa pasión.

La misma pasión con la que quiero contigo mis cartas.

•

VOLAR

Vuelo,
en el avión,
con la libertad de estas alas metálicas,
no con la que me da tu pobre corazón.

Vuelo,
en dirección contraria,
a contracorriente,
y con el viento en contra.

Vuelo,
lejos de aquí,
lejos de ti.

Aterriza,
en el aeropuerto,
sin destino,
sin rumbo,
en el medio de este oasis
que causas en mí.

FOLLAMISTAD

Me encanta cuando tocas mi cuerpo con tus manos desnudas,
sin ningún tipo de anillo como la alianza que tienes con tu mujer.

Haces que llegue hasta el punto más álgido cuando me tocas,
cuando me masturbas hasta que termino,
cómo recorres cada pelo, cada estría, cada punto de celulitis y no me miras de forma despectiva.

Me miras con deseo, con pasión, con intensidad,
como si fueras un guepardo dando caza a una jugosa presa después de tres días y cuatro noches sin haber probado bocado de sexo.

Usar, tirar.

Así son las relaciones esporádicas que surgen en la noche, pero entre nosotros había algo más que sexo, sexo, sexo…
¿Amor?
No lo definiría como tal amor, aunque sí amor carnal, pero amor como tal… bueno, quién sabrá.

HERALDO DEL DIABLO

Me encaré con el diablo y le pregunté:
¿cuán frío puede tornarse el heraldo de tus ojos?

Te miró a ti,
y murió congelado,
llorando escarcha,
con la piel helada,
las manos moradas,
los pies descalzos,
tiritando,
en camisa corta.

LA LUNA LLENA SOBRE NOSOTROS

Noche estrellada,
luna llena,
y en el coche Lobo-hombre en París.

Tú observando lo inmenso en el firmamento,
lo claro en las estrellas,
cantando a pulmón y medio,
con nuestros corazones en unión.

Hasta que apagamos el cielo,
subimos la música,
nos quitamos la ropa a mordiscos de lobo,
y devoramos las ganas,
como si fueran un cervatillo.

(Prefacio de Desconocidos)

NOMBRES DE PLAYA

Estoy en la playa,
en la orilla,
con un palo en la mano.

Dibujo tu nombre en la arena,
al lado del mío,
en medio de un corazón.

Viene la marea,
desdibujándolo todo,
quitando tu nombre,
y el mío,
pero no el corazón.

Ahí me di cuenta de que tú no eras eterna,
yo tampoco,
pero lo era nuestro amor.

PODER O QUERER

No se dice no puedo,
se dice no quiero.

La única diferencia entre lo posible y lo imposible son las ganas,
lo que hagas con ellas es cosa de tu corazón.

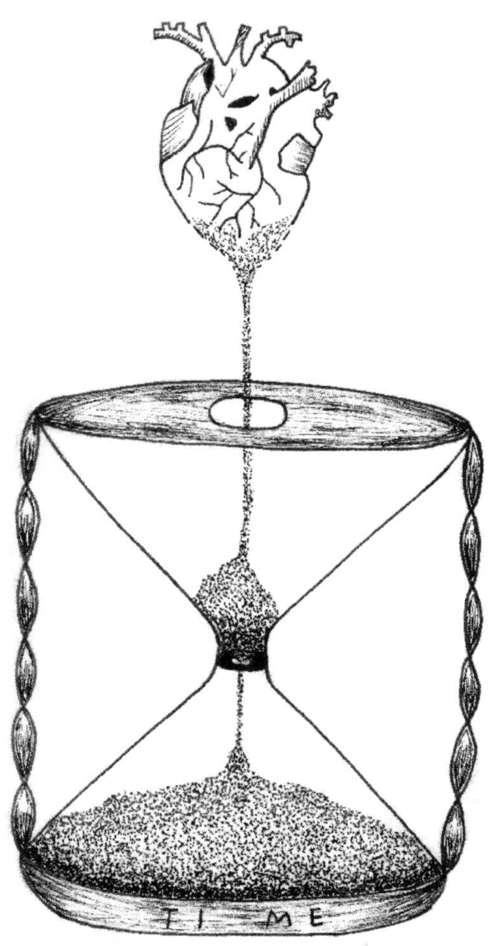
TI ME

MI CORAZÓN COMO UN RELOJ

Mi corazón es como un reloj,
está compuesto por varios engranajes,
todos encajan a la perfección,
y no se puede prescindir de ninguno de ellos.

No para quieto,
de día,
de noche,
a cualquier hora.

¿Qué pasa si le quitas una pieza?

Deja de funcionar,
se apaga,
se agota,
se enfría,
se tuerce,
se oscurece,
muere.

Mi corazón es como un reloj, solo que no da la hora, da la vida,
mi vida, durante un tiempo marcado y limitado,
segundos,
minutos,
horas,
días,

semanas,
meses,
años.

Mi corazón es como un reloj y quisiera regalártelo a ti, porque no da la hora, no dura para siempre, pero sé que no caerá en el olvido
nunca,
jamás,
porque siempre estará contigo.

SOY

Soy de esa clase de personas
que disfrutan el café
mejor expreso,
triple,
con dos terrones de azúcar,
e irresistible, si es con la nata de tus labios.

De esas personas
de ducha en invierno
a cuarenta grados,
y en verano
a dos menos,
pero desnudo enfrente tuya.

De esas personas
que prefieren dormir con la ventana abierta,
la puerta cerrada,
y tu pierna encima mía.

De esas personas
de bus de las cinco,
que siempre lo pierde,
y el de las seis
le queda muy lejos,
con tal de estar cinco minutos más contigo.

De esas personas
que piensan
que no les importa mojarse en la lluvia,
porque saben
que se besa muy bien bajo el agua.

De esas personas
para las que el tiempo es su mejor amigo cuando están a solas,
pero se enfadan cuando me ven junto a ti,
por eso se celan,
y pasa más rápido.

De esas personas
que quieren cuidarte todas las mañanas,
odiarte por las tardes,
y desearte en las noches.

Porque soy de esa clase de personas
a las que les encanta escribir poesías,
y más si son para ti,
así que,
bésame.

SEÑALES DE TRAFI-TÚ

Entre tú y yo, siempre hay de diferencia una señal de stop,
cuando nuestros corazones siempre nos dijeron ceda el paso,
a lo que estábamos dispuestos a arriesgar,
por tomarnos de la mano,
aunque sea en sentido contrario
a la autovía,
o a las agujas del intermitente,
que pones hacia saber dónde,
para aparcar en mis sueños.

Qué coche tan bonito luciste cuando atropellaste mis sentidos
y mi noción del tráfico,
pesado.

DESCONOCIDOS 6

Me desperté un poco obnubilado,
como si mi cabeza mitigara una espesa niebla, densa.

Ayer… bien…

Pues sí, estoy enamorado, me acabé dando cuenta,
aunque… ¿y tú?
Obviamente que no te pregunté y dudo que lo haga,
pero esas señas contradictorias que me envías
son un poco raras.

Un beso a la ida y a la vuelta,
un polvo intenso como la luz de una bombilla nueva,
unas ganas de comernos que… sin palabras.

Pero…
¿Y los abrazos?
¿Los mensajes bonitos o palabras románticas?
¿Los arrumacos?
¿Las caricias?
¿El ir juntos de la mano?

Nada de eso había, era un tanto extraño todo.

SU VOZ

Tu voz tiene un color distinto,
porque cuando me hablas
provocas en mí un terremoto
de 7 en la escala de Richter.

Mi mundo negro
se vuelve algo más blanco,
aunque sea roto.

Eres capaz de tumbar Roma,
solo con una frase,
y hacer París más bonita,
con una palabra.

Capaz de escribir la historia de amor más bonita,
y también la más trágica,
con esa labia.

Hacer sentir placer con tus gemidos,
o dormirme, con tus nanas.

Tu voz…
que no pertenece a ninguna gama cromática,
ni a ningún reflejo del arcoíris,
y mucho menos a alguien.

TOXICIDAD

Eres como ese humo del tabaco que a todo el mundo le da asco respirar,
como el último chupito con el que el hígado entra en coma etílico.

Eres la droga que envuelve mis labios en un beso tóxico,
tóxico como la humareda de las industrias,
tóxico como la gente sin mascarilla.

Pero adictiva, como el olor a gasolina,
como el primer café de por la mañana,
como el último polvo de por la noche antes de irnos a dormir.

MINTÁMONOS

Esa manía tuya de ser novios a solas y amigos delante del resto,
que mi corazón grite tu nombre y nadie se entere
por tener la música demasiado alta,
que mi piel se erice, poniéndome los pelos de punta,
por no decirte otra cosa.

Que sea nuestro secreto mejor guardado,
bajo llave,
clave de acceso,
candados,
puertas
y pasaporte covid.

Que a mí me da igual que nos vean en clase,
en el trabajo,
en el cine,
en el restaurante,
cogidos de la mano,
besándonos en el cuello,
tocándonos con ojos de deseo.

Pero tú, en cambio,
tienes esa manía de hacer todo bonitamente complicado con tus miedos e inseguridades de que te mande a la mierda.

Y no me engañes,
tú también tienes ganas de gritar al cielo y a la vida mi nombre.

YA HE SIDO

Para serte sincero,
sí,
estos labios ya han sido besados,
este corazón robado,
estos pensamientos hundidos de ideas,
estos pies descalzados,
esta espalda recorrida,
esta piel tocada,
estos ojos enflechados,
esta lengua escalada,
estas caderas surfeadas.

Pero no,
nunca me quisieron,
ni me amaron,
solo me desearon,
usaron,
tocaron,
hundieron,
y tiraron.

Así que, si vas a quererme,
si vas a besarme,
a robarme,
a inundarme,
a descalzarme,

a recorrerme,
a tocarme,
a enflecharme,
a escalarme,
a surfearme,
aprende a abrazarme,
a escucharme,
a entenderme,
a amarme.

Porque no voy a repetir la misma historia.

EN TU IDIOMA

Tienes tu propio idioma,
tu propia manera de decir las cosas,
un te odio por un te quiero,
un te quiero por un te amo.

Puedes decirme miles de cosas, sin decir ninguna,
puedes no decirme nada, aunque hables por los codos,
contando las palabras,
faltando sílabas.

Me dices lo que quieres y no me oyes,
o hablas con tu propia lengua,
esa lengua que nadie entiende,
que nadie conoce,
ni comprende,
que quisiera probar,
pero, como siempre,
escuchas lo que te da la gana.

TINTAS DE COLORES

Me encantaría viajar por las curvas de tus caderas,
por tus volcanes medio en erupción,
escribir tus hojas en blanco con nuestras historias y un boli Bic azul,
subrayar los sitios que visitar,
colorear los que ya hemos visto.

Dibujar en tu espalda desnuda
las ciudades en las que queremos besarnos,
en las que queremos amarnos,
en las que queremos hacernos.

Quitarles los colores a los lápices de madera
y hacer de todos los lugares un mundo de color.

El arcoíris nos tenía envidia.

A KILÓMETROS CONECTANDO

Tú,
encima mía,
gimiéndome,
¿qué mejor canción que esa?

En el solsticio de verano,
mientras estamos en la playa,
tumbados en la hamaca,
con Telepatía de fondo,
desnudos,
acariciando lo suave de tu piel,
lo carnoso en tus labios,
lo mojado en tus piernas…

Amándonos con más intensidad
que el calor del sol,
que lo profundo del agua,
que lo cortante del viento que nos mece mientras nos uníamos como dos formas geométricas bailando al compás del canto de los pájaros.

Y nos
c-o-m-í-a-m-o-s…

A Kilómetros Conectando

COMO A ÍCARO

Quisiera darte alas como Dédalo a Ícaro,
en la isla de Creta,
que vueles lejos,
y alcances tus sueños, tus metas.

Que no me importa arrancarme mis alas,
pluma a pluma,
para embellecer las tuyas.

Mirarme la espalda,
verme las heridas,
como Lucifer por ángel caído.

Que vayas lejos,
y que seas feliz,
sola,
contigo.

ALÍATE CON LA TRISTEZA

Alíate con la tristeza y enemístate con la alegría,
es la única forma de que no te hagan daño.

Abraza al caos,
al desorden infinito,
a las imperfecciones y a los miedos,
a las locuras,
a las noches en vela, llorando,
a la soga autoimpuesta al cuello,
a la lluvia,
al frío norteño,
a la ropa negra,
a la soledad de tus ojos,
a las ojeras de tu pecho,
y a las mil ideas que se te pueden venir a la cabeza, también llamado
ansiedad.

Abraza la tristeza, como nunca antes abrazaste a alguien,
porque la gente va y viene,
igual que la tristeza,
pero cuando la gente va
la tristeza viene.

CONTAZÓN

Tengo un contador en mi corazón que indica
el tiempo de vida que me queda.

Por cada te quiero que me dices
le sumas una hora,
y por cada pelea que tenemos
le restas una vida.

El problema es que,
en un año,
pusiste el contador en tres décadas,
y en tres días,
me rompiste el alma.

FLORES DEL AÑO

Flores de primavera,
como amor de verano,
mis latidos caen fuertes en el olvido,
mis venas, entrelazando tus manos.

Abierto, el diente de león,
mientras vuelan sus hojas,
y la fragancia de la rosa
deja su olor eterno,
y pinchan ásperas las ramas de tus ojos.

Flores de otoño,
como la amargura salada del mar Muerto,
y la pasión de tu piel,
caliente como hielo.

Flores de invierno,
en tu alma arraigadas,
como mis recuerdos en tu memoria,
como tus palabras en mis pensamientos.

INTERESES Y PORCENTAJES

Qué ironía que el banco ofrezca mejores intereses de los que tú me das,

que el 21 % de IVA es más elevado que mis ganas de volver a ver la falta de huevos que le echas a vernos,

y que te pago más a ti en lágrimas que a la Agencia Tributaria con el IRPF.

Que las jornadas laborales son indefinidamente eternas en comparación al amor que muestras.

¿Y sabes qué leí en el periódico esta mañana?

Que la tasa de paro se equipara a mis ganas de no cogerte las videollamadas que hacemos cuando a ti te da la gana.

Que los créditos que solicito son superiores a las veces que me envías un mensaje por WhatsApp,

y ahí estás tú, calculando todo al milímetro, sin corazón alguno, mientras me tienes como un adorno navideño el día que recogemos el árbol.

NO ME CUENTES

No me cuentes tu vida,
ni tus días.

Ni tus preguntas,
ni tus cuestiones.

Ni tus tonterías,
ni tus paranoias.

Ni tus sentimientos,
ni tus emociones.

Ni lo que piensas,
ni lo que argumentas.

Ni tus hobbies,
ni tus series favoritas,
ni tus planes.

Ni tus propósitos de Año Nuevo,
ni tus deseos.

Ni cuando cumples años.

Ni cuánto llevas con tu novia.

Solo follamos…
… aunque en realidad me gustes.

DESCONOCIDOS 7

Fui a dar una vuelta, tenía que investigar las respuestas a las preguntas que mi cabeza encerraba bajo llave, con código y contraseña.

¿Qué quieres?

Esa es la gran pregunta de un empedernido enamorado.

¿Le hablo? ¿Le escribo? ¿Le ofrezco quedar?

Justo cuando voy a coger el móvil, veo que me están llamando,
y…
eres tú, en el momento oportuno, vaya tela…

¿Venir a mi casa?
Mmm, vale, claro, vente esta noche.

Esta noche… otra noche… otra flecha envenenada a mi corazón que ya de por sí dudas en demasía tiene enjauladas.

NO ME HACES FALTA

Desde que se me apagó el móvil,
no tuvimos más conversaciones por WhatsApp.

Al principio, estaba desesperado,
no te podía tener presente las 24 horas del día,
como de costumbre.

Dolió.

Ya luego, seguí con mi vida,
incomunicado,
y me di cuenta de que, en realidad,
no me haces falta.

SEGUNDAS PARTES

Las segundas partes nunca fueron buenas,
pero hacer el amor después de follar es increíble.

Esperarte después de la despedida se hace eternamente dulce,
recordar los recuerdos, amargamente tedioso.

Volver a hablar después de tantos años,
inconformista,
enamorarme otra vez,
inesperado.

Y es que las segundas partes nunca fueron buenas,
así que vamos a esperar a la tercera.

TU CUERPO EN BRAILLE

Por elegir,
elijo leerte con los dedos,
en vez de con los ojos.

Surcar las ondas de tus muslos con mis gratas manos,
hacer cosquillas en tus pies (enanos).

Atravesar la cordillera de tu sonrisa,
con mi despuntada lengua,
robarte los labios.

Abrazarte la piel, con frío,
hacerte sentir calor, mío.

Tocar cada punto de tu cuerpo,
como si estuvieras escrita en
braille.

MUNDOS SIN DESCUBRIR

No podría dar la tierra por quien ya tiene una galaxia en sus ojos
y un cosmos entre sus piernas,
el infinito vacío del espacio en la garganta
y una nebulosa en la memoria,
el calor de mil soles y la frialdad de mil lunas en la piel,
y un agujero negro como corazón.

Y yo,
todo atrevido (y algo tonto),
me quiero aventurar a ser un extraterrestre
en tus sistemas solares y en tus mundos sin descubrir.

Me atrevería a ir donde fuera por el calor de tus besos,
la intensidad de tus polvos (estelares),
y lo profundo que se esconde en tu mirada perdida.

Y me gustaría clavarte mi bandera,
haciéndote mía por una vez,
porque no solo eres mil mundos,
eres el mío también...

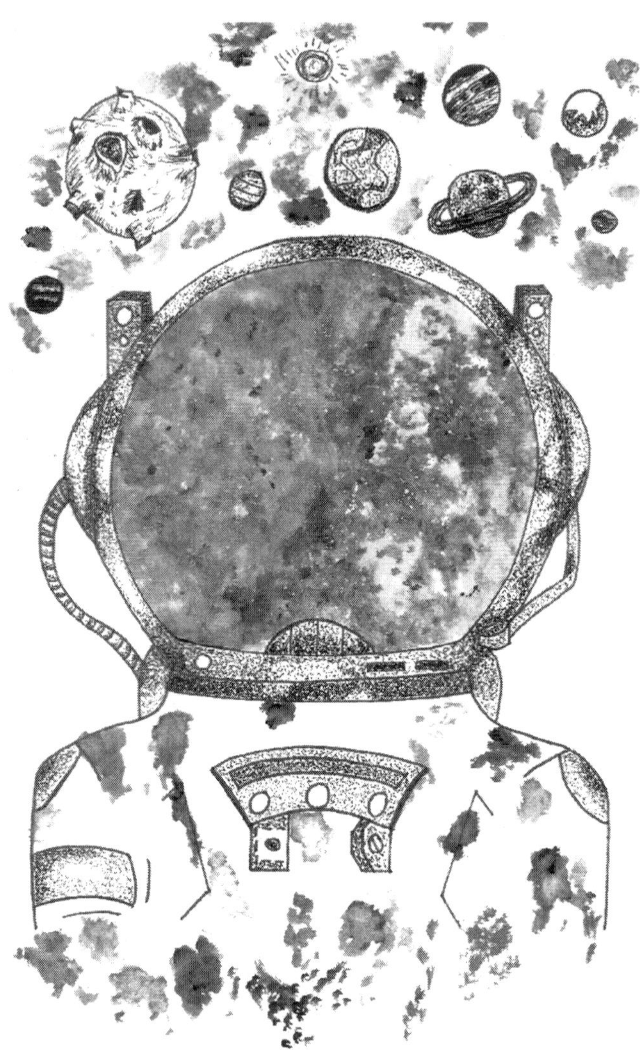

5 MINUTOS

5 minutos no es lo mismo para unas cosas que para otras.

No es lo mismo 5 minutos cayendo del precipicio,
que 5 minutos en un colchón viscoelástico.

5 minutos ahogándose,
que 5 minutos follando.

5 minutos contigo,
5 minutos sin ti.

5 minutos vivo.
5 minutos muerto.

5 minutos hablando,
5 minutos en silencio incómodo.

5 minutos de saludos,
y 5 minutos de despedidas.

Los 5 minutos de antes,
los 5 minutos de después.

5 minutos durmiendo,
5 minutos despierto.

5 minutos amando,
5 minutos odiando.

Los primeros 5 minutos de un partido,
los 5 minutos de descuento.

5 minutos con tu canción favorita,
5 minutos con una que detestas.

Y ahora dime que el tiempo no es relativo,
cuando 5 minutos se te pueden pasar en un suspiro
o volverse eternos.

LA MISMA PIEDRA

Tropecé tantas veces con la misma piedra
que ahora es esa amiga,
con la que me tomo un café por las mañanas,
y hablamos de lo gilipollas que es la gente.

Sabe tanto de mis tropiezos y errores,
que mi instinto me acusa de traidor emocional
por no hacerle caso,
y mis rodillas me culpan de estar tan desolladas
por todas esas caídas absurdas.

TODO ES DISTINTO

A su lado todo es diferente.

Los cafés saben a sábado por la tarde,
las risas se disfrutan el doble,
las malas noticias duelen la mitad.

La lluvia moja feliz,
el fuego arde más intenso.

Mis ojos no sudan constantemente,
mi ritmo cardiaco es un chute de adrenalina intravenoso.

Las conversaciones son utópicamente eternas,
el sexo es simplemente hermoso.

Los años son todos bisiestos,
las fiestas en tu boca son orgías en mis labios.

A su lado todo es diferente,
y jamás me acostumbraré
a las turbulencias de sus terremotos…
Pero tampoco quiero…

SONGTRACK

Song 1: Su sonrisa destellante como la luz de una estrella.

Song 2: Abrazo caluroso en invierno.

Song 3: Caricia suave como la seda.

Song 4: Amor infantil, adolescente.

Song 5: Mi corazón palpitante en una urna de cristal.

Song 6: Beso intenso y fugaz a la luz del alba.

Song 7: Sexo pasional bajo las sábanas.

Song 8: Llamada perdida sin registrar.

Song 9: Vuelta a verla.

Song 10: Sempiternamente juntos.

Att: tu poeta.

P. D.: te echo de menos.

GRITANDO CON VALENTÍA AL MIEDO

Y yo le grito al miedo con miedo para no tenerlo conmigo,
viendo la vida de reojo,
y a la soledad negra con mirada desafiante.

Haciéndome grande en un mundo pequeño y cabizbajo,
lleno de frustraciones y sueños sin cumplir,
tiñendo todo de gris y blanco,
sin sonrisas que amar.

Frente al reflejo de mi sombra,
que me ahorca la ilusión,
ahogando las ganas,
con fuerza.

Y yo, gritando al miedo con más miedo que el miedo,
rompiendo a tormentos las esclavas de unas esposas
que atan mi cabeza contra el cemento,
y mi corazón contra los puñales de mentiras.

Liberándome del miedo,
volando,
lejos, muy muy lejos,
para que veas que se puede, se puede ser valiente.

ADICTO

Soy adicto a las drogas, al tabaco y alcohol,
adicto al sexo, a las sábanas y al amor,
adicto a tus abrazos, a tus labios y tu olor,
adicto a tu idas y venidas con dolor.

Soy adicto a las ganas inimaginables de follar hasta mañana sin condón,
adicto a las peleas mañaneras sin mascarillas ni protección.

Soy adicto a ti, me da igual si rima o no.

Y te lo digo de otra forma,
tu amor es mi adicción,
tus labios el colchón donde cada noche quiero descansar,
tus ojos el reflejo del mar que me acaricia sin cesar.

Soy adicto a ti, me da igual si rima o no.

Y te lo digo de corazón,
porque jamás me había enamorado de esta forma de nadie,
ni por nada,
ni siquiera por el dinero.

Soy adicto a ti, me da igual si rima o no.

A tus gafas de visión,
con montura de ULTEM,

a tu moño recogido,
pero a la vez despeinado,
a tus piernas infinitas,
al libro que tienes entre las manos.

Y ahora te pregunto,
¿y si en vez de leer un libro lees mis labios con los tuyos?

DESCONOCIDOS 8

Preparé solomillo al whisky, porque me recuerda
a las ganas de comerte que siempre he tenido,
un vino blanco y caro, para que combine con la galaxia
que tienes en los ojos,
unas velas, iguales al calor que emanan tus besos,
una fragancia de Dolce&Gabbana, por la finura de tu cabello
y lo bonito de tu andar.

Entraste, otro beso, nos comimos todo y luego cenamos.

¿Después?

Me diste a entender qué era un orgasmo de verdad,
mis piernas temblando,
sudor recorría todos los orificios de mi piel,
mis pulmones corrían por coger oxígeno.

Te volviste a ir, y poco volvimos a hablar,
necesito respuestas…

DE UN TIRÓN SE SUFRE MENOS

Si quieres matarme,
dispárame al pecho,
y no sigas arrancándome la piel trozo a trozo,
prefiero quitarme el peso de encima de una
que aguantarlo en mi espalda toda la vida.

Ya me encargaré yo de quitarme rápido las tiritas,
echarme clorhexidina
y ponerme pomada antigilipollas.

CAFÉ

Haces que mi corazón haga cosas que no hizo por nadie antes,
como el café que más te gusta,
latte.

Pero, para desgracia de mí,
de emociones te quedaste como el café que más odio,
corto.

Y mi colchón
se quedó como el café que tomábamos de vez en cuando juntos,
manchado.

DIRÍA QUE EL AMOR

El pesimista diría que el amor nos parte en dos.
El optimista diría que el amor nos hace siempre felices.
El realista diría que el amor es una fórmula química.
El pintor diría que el amor es una musa que sirve como bella inspiración.
El cantante diría que el amor es el título de su siguiente single.
El arquitecto diría que el amor es el plano perfecto de cualquier edificio.
El poeta diría que el amor es poesía.
El maestro diría que el amor es la lección del corazón.
El escultor diría que el amor es la obra de la que está enamorado.
El deportista diría que el amor es el mejor de los partidos.

El amor…

Yo diría que el amor eres tú.

EN ESTADO DE VIGILIA

Eres mi quimera,
mi sueño premonitorio de la felicidad,
la lucidez de saber que estoy dormido,
colgando desde tu ventana.

Y sé que mis recuerdos son fuertes,
porque puedo recrear tu imagen exacta
en estado de vigilia.

Cómo me gustaría rasgar esa nube blanca que alude a mis llamadas
en las noches más oscuras,
mientras te pienso cotilleando por el balcón de tu casa,
pese a ser una tercera planta.

Meterme en tu cama,
y dejar de soñarte,
para poder tocarte,
para poder mirarte,
para poder besarte.

DESCONOCIDOS 9

Te volví a buscar por aquella red social en que te encontré,
Instagram,
porque no me había dado por ver fotos ni vídeos,
ni siquiera tu perfil.

¿Ex de mi ex?

Eso creía, o eso erais, pero…
no,
tres semanas desde que volvisteis.

Claro, ahora me cuadran las cosas,
fría, sin emociones, pero fogosidad y sexo pasional,
me estabas usando para complacerte, mientras volviste con ella.

Volví a salir y dar una vuelta y…
os encontré, de frente, mientras os dabais un beso,
no como me los dabas a mí, era menos intenso, pero con amor,
y eso que eres una mentirosa de mierda.

Casa,
al fin llegue a casa corriendo,
queriendo quitarme todo de la cabeza,
total, a ti ya te quito yo, bloqueándote de todos sitios,
necio de mí…

TU CUARTO COMO UN CABARET

Sentí tu piel muy cerca de la mía, como si fueras una cuchara cogiendo el azúcar justo que quieres echarle al mejor café de tu vida, o al menos de tu día.

Encendiste las luces de neón, rojas, por toda la habitación, como si nos hubiéramos transportado a un cabaret.

Besaste cada poro de mi piel como si fuera la primera vez que tocaras la suavidad de la seda o lo esponjoso de la lana.

Follamos hasta que los gemidos ahogaban el silencio y los orgasmos me aportaban más felicidad que el chocolate.

¿QUÉ CABE EN UN CORAZÓN?

En el corazón de una persona cabe el cariño de dos,
el orgullo de muchos,
el miedo de niños,
el odio de nadie,
la verdad absoluta,
la mentira traicionera,
la envidia de miles,
la honestidad de un alma pía,
la decepción de un par,
y siempre la esperanza por amar.

POR TU CUENTA

Yo no te regalé mi corazón,
tú me lo quitaste con la frialdad de tus manos,
el cielo de tu boca,
la noche en tu tacto.

Tú me arrebataste el miedo a querer,
el miedo a las inseguridades,
el miedo al miedo.

Te apoderaste de todas mis miradas,
todos mis estados de Instagram,
todas mis listas de reproducciones.

Me lo quitaste todo,
por tu cuenta,
sin pedir permiso ni llamar antes a la puerta,
y ahora no queda nada
que pueda rellenar otra persona
que no seas tú.

AMOR Y TIEMPO

El tiempo es tan relativo como el amor,
unas veces viene,
otras, se va,
a muchos nos mata,
y a otros nos da la vida.

Puedes estar todo el tiempo del mundo con el corazón lleno
y la cabeza ocupada en ese amor,
o también puede que, durante un segundo, un instante,
te enamores otra vez.

El tiempo no existe, pero el amor tampoco.

El tiempo es una invención del ser humano para comprender
y controlar lo incomprensible y lo incontrolable.

El amor es exactamente lo mismo que el tiempo,
pero tiene un matiz distinto,
un matiz singular y particular como es un sentimiento.

Un minuto, un beso;
una hora, puro sexo;
unos meses, una amante;
unos años, una relación.

Hay puntos de conexión entre ambos términos,
semejanzas más propias del juego y del azar,
del correr y el caminar,
de la fidelidad y la lealtad.

Pero, que es amor y tiempo y no tiempo con el amor,
por qué pensar tanto en el tiempo que pasamos
si en vez de amor sentimos dolor.

EL VOLAR DE LOS PÁJAROS

Qué bonito planea el pájaro,
con su largo pico,
sereno y tranquilo,
con alas que saben a libertad.

Planea, vuela y canta,
en el viejo olivo,
solo y sin preocupaciones.

Joven pájaro,
sin nido ni hogar,
triste,
y sin nadie a quien amar.

TIPOS DE PALABRAS

Hay palabras que tienen más de un significado,
todos aprendemos esto en clases de lengua y literatura,
aunque pocos se acuerden o presten atención.

Banco,
puede significar asiento, en el que pueden sentarse
dos o más personas,
también se define como conjunto de peces
que van juntos en gran número,
o incluso se puede explicar como empresa dedicada a la realización de operaciones financieras con el dinero procedente de sus accionistas y de los depósitos de sus clientes.

Hay otras palabras muy parecidas entre ellas por su significado y otras que significan todo lo contrario, o sea, sinónimos y antónimos.

Pero mis favoritas son las que, por mucho que intente usar
palabras diferentes, se refieren a lo mismo.

Por ejemplo,
Mi amor, cielo, cariño, mi vida…
Ya que todas hablan de lo mismo:
de ti.

¡ALERTA!

¡Peligro!
¡Alerta!

Este corazón está lleno de cristales, prendido en fuego, envenenado con palabras, contagiado de gilipolleces, machacado de actitudes, herido de puñales, rasgado de sus uñas, mordido de gemidos, escupido de mentiras, disparado de ansiedades, pintado con sonrisas, hundido en la miseria.

Repetimos.

¡Peligro!
¡Alerta!

TEORÍA DE CUERDAS

Según la teoría de cuerdas,
existen varias dimensiones,
como si fueran realidades alternativas a la nuestra,
hablando hipotéticamente.

Habrá realidades en las que estemos juntos,
realidades donde la materia,
aunque no sea oscura,
sea igual o parecida.

También habrá otras en las que no nos conozcamos,
y la estructura molecular de nuestro amor no sea correspondida.

Otras en las que solo seamos amigos
y los átomos no floten entre tú y yo.

Y justo vivo en la realidad
en la que estoy enamorado,
y parece ser que, para ti,
me encuentro en un agujero de gusano,
en el que los electrones no generarán nunca una chispa
entre los dos.

TODOS LOS CAMINOS LLEVAN A ROMA

Si todos los caminos llevan a Roma,
y de Roma se sale por todos los caminos,
no entiendo por qué no todos los destinos deparan en tus labios,
y de tus labios no parten todos mis destinos.

Aunque siempre podremos cambiar Roma por mi cama,
nuestro destino por el hilo rojo que nos sostiene de los meñiques,
tus labios por un beso compartido,
y mi pasado presente por mi futuro contigo.

Siempre nos quedará aquella canción que suena como nuestra ciudad.

SUICIDIO EN FRÍO

Frío,
el frío no viene con el invierno,
ni viene con el suave abrazo del viento,
ni con la tormenta helada del norte.

Frío,
el frío viene dentro,
un alma perdida,
un corazón vacío,
unos recuerdos olvidados.

Frío,
frío es el aliento gélido que exhalan mis pulmones
cada vez que pisas mi memoria.

Frío,
frías son las lágrimas hechas escarcha
que corren por mi rostro blanco.

Frío,
fría es la sangre que corre por el exterior de mi cuerpo
justo en el agujero que dejó la bala que clavaste en mí,
ayer hecha recuerdo,
hoy disparada por mí.

Nota de suicidio

DESCONOCIDOS 10

Tres meses,
todo este tiempo ha pasado ya desde entonces,
y…
sigo sin olvidarte,
aún te apareces en mis sueños,
cogiéndolo de costumbre,
y no puedo más con esta nostalgia.

Cogí uno de mis cinturones,
el más largo de todos,
con hebilla de metal,
fría como tu corazón de cristal.

Lo amarré fuerte a un cable que colgaba del techo,
me subí,
apreté y…
… Adiós.

Tú me mataste por dentro,
me hiciste prisionero entre tus piernas
por un amor efímero y sin rumbo,
ahora ya…

Puedo estar en paz,
sin amor incondicional,
sin tenerte que recordar,
solo descansar.

COMEDIMIENTO

Vamos a deshacernos de nuestras pieles,
cubrámonos de las luces apagadas y la luna llena,
mojada
la cama.

Besémonos en una estrella fugaz, cazada al vuelo.

Mírame,
pero no me veas.
Mírame,
solo siénteme.
Mírame,
grítame fuerte.

Mañana es lunes, pero todas las noches
son sábados entre tus piernas.

SIN MÍ

Me pregunto cómo me imaginas ahora que no puedes verme,
cómo se siente el desconocimiento en una mente de hipótesis y teorías,
la incertidumbre, el desasosiego, la irresolución…

Amor,
odio,
vida,
muerte.

Ahora que no estoy contigo,
ahora que no estoy en el mundo,
que arrancaste mi corazón de su pecho para envolverlo en mentiras
y oraciones bonitas y te salió el tiro por la culata…

¿Qué se siente cuando la persona que te amaba muere por ti?

Ahora,
sin mí,
solo sé que no vas a encontrar a alguien mejor que yo.

COMO DOS ANIMALES

Podría escribirte 20 libros llenos de poemas de amor,
decirte, por ejemplo, que eres el amor de mi vida y en tus ojos yace mi corazón helado,
o decirte que quiero que follemos hasta el siguiente solsticio de invierno como dos animales anhelantes de sangre con ganas de devorarse en la cama.

Ambas afirmaciones son ciertas.

Quiero amarte todas las tardes,
cuidarte todas las mañanas,
y desearte todas las noches.

Creo que soy un enamorado-agresivo,
que me arañes,
que me ates,
que me agarres,
que me beses,
que me ames.

Pero hazlo como los animales,
salvaje,
fuerte,
siempre.

¿SOLO UN JUEGO?

¿Y si hacemos de todo esto un juego?

Podríamos jugar a los médicos,
ponerte la mascarilla FFP2,
los guantes azules, de látex, aunque soy alérgica,
coger las pinzas, las agujas, bastoncillos y sedantes,
anestesiarme, como si estuviera en un limbo de emociones.

Abrirme en canal, aunque nuestro programa favorito
ya había terminado,
comprobar todos los órganos que no hayas visto ya,
darte cuenta de que hay algo que no está,
echas un vistazo y mi corazón está fuera de lugar.

Podríamos jugar si no a los juicios.

Puedes ser el juez, aunque no haya más preguntas que responder,
puedo ser la acusada de un amor sincero, pasional y prisionero,
encerrarme en la cárcel de mis recuerdos,
tirar la llave al vacío eterno.

Podríamos interpretarlo como un juego,
pero a pesar de que para ti no fue más que eso,
significó muchas heridas,
de tu parte,
en mi cuerpo.
Aún no me explico cuándo todo esto dejó de ser tan solo un juego…

PARA ELLA

Me quito las gafas mientras escribo,
por si me pongo sentimental
y se me escapa alguna lágrima,
cosas de humanos.

Pero también lo es quererte a mi lado,
en el hueco vacío de mi cama,
en los 70 centímetros que tengo reservados a tu nombre.

Que me mires mientras escribo, y veas el proceso que mi cabeza sigue hasta hacer ese clic de inspiración.

Que me abraces,
abrazarte,
y que nos
R
E
S
P
I
R
E
M
O
S

REFLEJOS

Podemos mirarnos al espejo,
comernos a besos, o a cristales,
surfear en las olas de tus caderas, de tu reflejo,
sondear los terremotos de tus labios,
explorar las piedras preciosas de tus ojos.

Podríamos mirarnos,
desnudos, como somos,
yo tan yo,
y tú con esa manía de parecer una diosa.

Podemos aguantarnos las ganas,
o no.

Podemos darnos rienda suelta,
como un caballo desbocado en el establo.

Podemos mirarnos,
sin cristales ni reflejos,
con el brillo de tus ojos,
sin complejos.

Comernos cada arruga y cada estría,
cada punto de celulitis con deseo.

Hacer gemir a nuestras almas,
y chillar con el corazón tu nombre.

Frases

A continuación, os dejo con 53 pedazitos donde poder sentir que no eres la única persona que piensa de esa forma, donde poder refugiarse o expresarse, donde volcar las emociones y los momentos. Gracias por leerme el corazón.

I. Fuiste todos los suspiros que solté.

II. Mi camino de baldosas amarillas son tus ojos.

III. Si yo fuera Ares, mi guerra favorita estaría entre tus piernas.

IV. Salud sentimental: lo que nadie te ayuda a tener, excepto tú mismx.

V. Mi ansiedad ha encontrado todos los tiempos verbales.

VI. Estoy tan acostumbrado a estar solo, que el miedo ahora es a la gente.

VII. El nudo en mi garganta son los pelos que dejas en mi cama después de acostarnos.

VIII. Las mariposas en mi estómago murieron asesinadas por el veneno de la serpiente que hoy en día llamamos Mentira.

IX. Abuela, eres igual que una rosa en una urna de cristal, porque estando en mi corazón nunca te vas a marchitar.

X. Mis inviernos están guardados bajo las sábanas de tu piel y lo cálido de tus brazos.

XI. Las cosas son fáciles, es la gente la que las hace complicadas con esa necesidad de darle vueltas a la misma peonza.

XII. La depresión lleva una sonrisa tatuada en la cara y un corazón roto en mil cristales.

XIII. Hablamos de querer como a las cosas, cuando a querer ser aprende amando, sufriendo, curando.

XIV. Muchas veces nos culpamos de las acciones de los demás, tapando sus pecados, como el envoltorio de un chicle de menta fuerte.

XV. Te quiero, me quiero, nos odiamos.

XVI. La desconfianza nace en uno mismo, siendo la moneda de cambio de los inseguros.

XVII. Lo intangible en tus actos muestra la sinceridad de tus palabras.

XVIII. ¿Y si hacemos como que no ha pasado nada y corremos un estúpido velo? (Sí, estúpido, como nosotros).

XIX. Pensar que después de la tormenta viene el arcoíris cuando siempre estás en el ojo del huracán.

XX. A mí no me regales cosas, a mí regálame momentos, abrazos, caricias, verdades y besos, que es más caro.

XXI. El tiempo es como un chicle que se estira según lo masques más o menos.

XXII. Te quiero dentro de las leyes, te amo fuera de lo legal.

XXIII. Cada bocado que le doy a la barra de chocolate que me compraste es como si me dieras un abrazo cálido por dentro.

XXIV. Eres un KitKat de emociones, porque te pueden partir en dos y seguir entera.

XXV. Los fines de semanas duran tres días, cuatro si son solos, siete si son contigo, sesenta y nueve si son entre tus piernas.

XXVI. Hay heridas que hay que abrir para sanar, porque, si no, nos queman por dentro.

XXVII. Caigo en una burbuja de agua, mientras me ahogo en un mar de ciegos.

XXVIII. De ilusiones se vive, por eso vivo contigo.

XXIX. Intentaste ser un parche y terminaste siendo una infección.

XXX. Me quema el tiempo cuando no estoy contigo.

XXXI. Te quiero. Te lo puedo decir en 1000 idiomas, pero si no lo entiendes es tu problema.
XXXII. ¿Qué hay más frustrante que saber que no puedes hacer nada para cambiarlo?

XXXIII. Soy como Nemo buscando a Dori, en un mar de incertidumbres y sin saber dónde te encuentras.

XXXIV. Más sabe el diablo por viejo que por diablo y más sé yo por daños causados que por años cumplidos.

XXXV. Siempre pienso en ti justo antes de romper a llorar.

XXXVI. Mi sol sale todos los días porque tu sonrisa es la encargada de sacarlo.

XXXVII. Te sigo escuchando en todas las canciones que te escribo.

XXXVIII. Estaba tan ciega que creía estar enamorada de ti cuando solo estaba enamorada de mi reflejo en tus ojos.

XXXIX. La necesidad de amar es el camino más rápido hacia el desastre.

XXXX. Creo que después de vivir una pandemia y una guerra, el próximo desastre que me queda por vivir es tu amor.

XXXXI. Tu corazón está frío y tu piel caliente, convirtámonos en un solsticio de verano.

XXXXII. ¿De qué me sirve todo el oro del mundo si solo quiero la epifanía de tus besos?

XXXXIII. Contigo me gustaría celebrar Navidad en agosto, Halloween en marzo y San Valentín todos los días.

XXXXIV. Encontré más amor en los ojos del diablo que en las promesas de tus manos.

XXXXV. Y aquí estoy, con toda la sangre que mis venas no aguantan por la presión que tu corazón ejerce contra mi piel.

XXXXVI. Sabes de mis aciertos, amaste mis errores.

XXXXVII. La tristeza envejece y la felicidad te hace más joven, por eso mis arrugas están contentas y mis risas lloran.

XXXXVIII. Tus ojos piden a gritos a mis oídos que mis labios te besen, con resignación.

XXXXIX. Mis labios tienen los mismos kilómetros que la carretera de tus piernas.

XXXXX. A lo mejor hay páginas en blanco, que seguro que están esperando a que nosotros escribamos esa historia.

XXXXXI. No me gustan los silencios largos porque no sé vivir conmigo mismo.

XXXXXII. Yo no sé qué me pasa que últimamente tengo menos paciencia, más carácter y cero ganas de aguantar gilipolleces.

XXXXXIII. Amar es ponerte en la cima de una montaña, con riesgo a caerte, sin paracaídas ni nada que te sujete.

Índice

Este libro se terminó de editar en Granada
en noviembre de 2024 por

www.aliarediciones.es
info@aliarediciones.es